MÜNCHEN

MÜNCHEN

STADT DER LEBENSFREUDE

FOTOGRAFIE JÜRGEN HOHMUTH

KNESEBECK

U
McLaren
Szene
Festivals
FRISCHEPARADIES

Nur wenige Städte der Welt sind so sehr mit Klischees behaftet wie München. Bierseligkeit und Oktoberfest, Lederhose und High Society unter blau-weißem Himmel scheinen das Leben in der Isarmetropole zu bestimmen. Doch wie lässt sich ein umfassendes, wahres Bild von München entwerfen?

Hier stellt sich die alte Frage, wer eine Stadt besser versteht: der Einheimische oder der Fremde. Wenn der Berliner dem Münchner Fragen stellt, den Antworten lauscht und anschließend offenen Auges durch die bayerische Metropole läuft, kommt er der Wahrheit sehr nah. Als Fotograf nehme ich dabei eine Perspektive ein, die außer Karlsson vom Dach kein anderer hat. Mit der Kamera, die an einem Luftschiff über mir befestigt ist, spaziere ich durch die Straßen und sehe die Stadt in meinem Monitor.

Ungewöhnlich an diesen Aufnahmen ist ihr Blickwinkel, der es ermöglicht, vertraute Orte völlig neu zu entdecken. Um München ganz zu erfassen, muss man sich jedoch auch unter die Menschen wagen. Manchen von ihnen habe ich das Objektiv direkt vor die Nasenspitze gehalten, wodurch authentische Augenblicke entstanden sind. Und hier bestätigte sich auf überraschend liebenswerte Weise fast jedes Klischee.

Beide Ansichten, die Luftbilder und die Aufnahmen aus der Mitte des Lebens, sind in diesem Buch in ungewöhnlichen Gegenüberstellungen zu sehen. Lieb gewonnene, bekannte Orte zeigen sich in neuen Nachbarschaften und lassen uns auf diese Weise etwas tiefer in die »Seele« der Stadt und ihrer Bewohner blicken.

Am stärksten waren für mich Momente, in denen das Geschehen am Boden durch mein Luftschiff bestimmt wurde. Die berittene Streife der Münchner Polizei verfolgte mich und mein »unbekanntes Flugobjekt« im Englischen Garten, aber es kam nicht zum Zugriff. Die Pferde scheuten, und der Einsatz geriet zur Farce. Schon am folgenden Tag zeigte sich, wie die Münchner mit solchen Situationen umzugehen wissen: Dieselben Polizisten grüßten mich mit Handschlag, und ich gehörte schon fast dazu.

Bin ich jetzt noch ein Fremder?

Jürgen Hohmuth

There are few cities in the world peppered with as many clichés as Munich. At face value, its beer-induced conviviality and Oktoberfest, leather breeches and high society beneath the blue and white of the sky, appear to define the city on the banks of the Isar. So how do you get a real and comprehensive take on Munich?

This poses the age-old question as to who knows a city better: a native or an outsider? If a Berliner interviews someone from Munich, listens to their answers and then, with eyes peeled, takes a walk through the Bavarian city, he comes pretty close to the truth. As a photographer doing just that, I have the advantage of a perspective that no-one else has; no-one, that is, apart from Karlson on the roof. My camera is suspended from an airship above my head and as I walk the streets, I can see the city on my monitor.

The unusual thing about these photos is their vantage point, which allows us to discover familiar locations afresh. To fully get the measure of Munich, however, you have to get to know its people too. With some of them, I positioned the lens right in front of their noses which gave rise to particularly authentic snapshots. By doing so, and with a surprising degree of charm, almost every cliché was reaffirmed.

Both perspectives – the birds-eye views and the shots taken at street level – provide unusual juxtapositions in this book. Familiar and much-loved locations reveal themselves in unfamiliar settings and by doing so, enable a deeper understanding of the city's 'soul' and its people.

To me, the most defining moments were those where the turn of events was dictated by my airship. Munich's mounted police pursued me and my 'UFO' through the Englischer Garten, but no action was taken. The horses shied and their operation quickly became farcical. The very next day, it was apparent that a native of Munich knows how to deal with this kind of situation. The very same police officers greeted me with a handshake, as if I were an old friend.

So does this mean I'm no longer an outsider?

Jürgen Hohmuth

H
Kurfürstenplatz
2107

S
U

WIRTSHAUS ZUR BREZ'N
Coca-Cola

MÜNCHEN
Willkommen

frischgepress
UZ-TRANS
Blumen Baur
www.blumenbaur.de

KUNST UND SPIEL
Fingerpuppen aus Filz

ZONE

WAFFEN-BAVARIA
LEDERWAREN

NEW
HAIR
Weltbild
BEAR'S &
FRIENDS
BOXING

 Freskenzyklus in den Arkaden des Hofgartens von Peter von Cornelius · *Frescoes by Peter von Cornelius in the arcades of the Hofgarten*

Blick aus einer Passage auf die Maximilianstraße · *Looking onto Maximilian Street from an alleyway*

 Hauptsynagoge, Jüdisches Zentrum Jakobsplatz · *Central Synagogue, and Jewish Centre Jakobsplatz*

Mathäser-Filmpalast · *Mathäser Filmpalast cinema*

Blick auf den Max-Joseph-Platz und die Residenz · *View of Max-Joseph-Platz and the Residenz palace*

 »Armeedenkmal« in der Feldherrnhalle · *Army memorial in the Feldherrnhalle*

Denkmal für die Geschwister Scholl vor der Universität · *Memorial to Hans and Sophie Scholl at the university*

Flughafen München · *Munich Airport*

Stadtwappen am Rathaus · *Munich's coat of arms on the town hall*

 Allianz Arena · *Allianz Arena football stadium*

Pavillon im Hofgarten · *Pavilion in the Hofgarten*

Mariensäule vor der Frauenkirche · *Mary's column in front of the Frauenkirche*

O2
SWAROVSKI
Rischart
Rischart
Rischart
Verschenken
Erlebnis-Touren!
KETTLER
KTM
MARATHON RACER

Bayerische Devotionalien · *Bavarian souvenirs*

Antiquarium in der Residenz · *Hall of Antiquities in the Residenz palace*

U-Bahnhof Georg-Brauchle-Ring, gestaltet von Franz Ackermann · *Underground station Georg-Brauchle-Ring, designed by Franz Ackermann*

MÜNCHNER
STADTMUSEUM

BVLGARI

Bild
MÜNCHEN
Abendzeitung
BAYERN-SCHALKE:
2x2 KARTEN
ZU GEWINNEN
Yello
Strom
WELT KOMPAKT
Kardinal will
Justin Timberlake
verbieten
MEHR GLÜCK!
Süddeutsche Zeitung
Hickhack um die
Pendlerpauschale
Multimedia
Die neuen iPods
im AZ-Test
Bischof Müller
in Bedrängnis
Mit Reiseteil und SZ-Extra
freizeit
Abendzeitung
AUSFLÜGE FILME KONZERTE
DIE BESTEN TIPPS
auf
10 SEITEN
Uhren geklaut!
Roberto Blanco
verklagt Tochter
Patricia
Bild
Dir Deine Meinung!
WELT KOMPAKT
arosa

tel. 53 28 700
DAS IST JA DA

Monopteros im Englischen Garten · *The Monopteros in the Englischer Garten*

Brunnen im Nymphenburger Park · *Fountain in Nymphenburg Park*

Glyptothek am Königsplatz · *Glyptothek museum on Königsplatz*

Siegestor am Ende der Leopoldstraße · *Siegestor victory arch at the end of Leopoldstraße*

 Pinakothek der Moderne · *Pinakothek der Moderne, gallery of modern art*

salomon

194
211

Friedensengel · *Angel of peace*

Maibaum auf dem Viktualienmarkt · *Maypole at the Viktualienmarkt*

Hofbräuhaus · *Hofbräuhaus beer hall*

Biergarten im Hofbräuhaus · *Beer garden at the Hofbräuhaus beer hall*

Cafe Friſchhut

MÜNCHNER BRAUERTAG 2006

Kuhglocke

am 22.09.0
07-12 h
am 23.09.0
06-14 h
192 Progra
In jeder Video
gramme

N1
SPATEN
DER HIPPODROM JAHRESKRUG 2007
SPATEN

LÖWENBRÄU

Ich schenke Dir mein Herz
Kann denn Liebe Sünde sein?
Ich hab Dich sooo lieb

POLYP
FOTO-SCHIESSEN

NYMPHENBURG SEKT
FRISBEE
FRISBEE
Cafe Mohrenkopf
PHOTOGRAPH
GEISTER

Olympia
Wellenflug
Circus Welt

Jürgen Hohmuth, geboren 1960 in Berlin
Lehre und Tätigkeit als Forstarbeiter und Zapfenpflücker

Seit 1981 freiberufliche Tätigkeit als Fotograf; Arbeiten über Architektur, Stadtleben und Alltag sowie Theater

1986 bis 1991 Fotografiestudium an der Hochschule für Grafik und Buchkunst Leipzig u.a. bei Arno Fischer

Seit 1997 Aufnahmen mit dem Fotoluftschiff

Seit 1999 Zeitort Dokumentarfotografie in Zusammenarbeit mit Jana Juni, Büro für Fotografie & Buchkunst

Verschiedene Bücher, Ausstellungen und Kalender

Bibliografische Information Der Deutschen Nationalbibliothek
Die Deutsche Nationalbibliothek verzeichnet diese Publikation in der Deutschen Nationalbibliografie; detaillierte bibliografische Daten sind im Internet unter http://dnb.d-nb.de abrufbar.

Fotografische Koordination: Jana Juni, Büro für Fotografie & Buchkunst

Gestaltung und Satz: Peter Mühlfriedel, skop, Berlin
Druck: EBS, Verona
Printed in Italy

ISBN: 978-3-89660-550-4

www.knesebeck-verlag.de